AF438283

OBSERVATIONS RASSURANTES

SUR LES

OPINIONS POLITIQUES

DES

HABITANS DU MIDI

DE LA FRANCE.

Par M. Léonard Gallois.

> Les hommes sont tourmentez par
> l'opinion qu'ils ont des choses, non
> par les choses mesmes.
> MONTAIGNE.

PARIS.

AUDIN, QUAI DES AUGUSTINS, N° 25,
LEVAVASSEUR, AU PALAIS-ROYAL.

MARS 1831

PARIS. — IMPRIMERIE DE AUGUSTE MIE,
Rue Joquelet , n° 9, place de la Bourse.

OBSERVATIONS RASSURANTES

SUR

LES OPINIONS POLITIQUES

DES HABITANS

DU MIDI DE LA FRANCE.

—⸺◆⸺—

> .... Que le midi peigne le nord en
> insurrection.... que le nord peigne le
> midi insurgé......
>
> (Extrait de l'instruction envoyée de Londres aux
> partisans de la famille chassée).

Un des grands moyens recommandés par les tacticiens d'Holy-Rood pour tenir la France dans un état de perturbation et porter le découragement parmi les patriotes ; c'est de répandre sans cesse des bruits alarmans ; d'affirmer que telle partie de la France est en insurrection contre le gouvernement national , et que telle autre partie n'attend qu'un signal pour se soulever.... « *Que le midi peigne le nord en insurrection..... que le nord peigne le midi insurgé..... »*

Mais pour que ces soulèvemens paraissent possibles et probables, il fallait d'abord qu'on ne put pas douter que ces contrées qu'on doit peindre en insurrection , ne renferment que des partisans de la famille déchue , tels que les camarades de Trestaillon , les verdets , les brassards , les chevaliers de la petite Vierge , les congréganistes , etc. : c'est à quoi les journaux de cette faction ont travaillé depuis six mois et travaillent encore aujourd'hui : c'est là leur mot d'ordre ; c'est pour tromper l'opinion , tant à l'intérieur qu'à l'extérieur, qu'on les paie : on le sait , et ils ne peuvent plus faire grand mal.

Mais il arrive parfois que les meilleurs de nos journaux, les plus patriotes, copient certaines correspondances, certains articles des feuilles départementales qui semblent tendre à ce même but , et se rendent ainsi , quoique avec des intentions louables , les échos des trompeuses insinuations des carlistes de Londres. De là cette opinion si accréditée que la Vendée et le midi de la France sont habités exclusivement par des populations ennemies de l'ordre de choses établi par la révolution du mois de juillet dernier. Cette idée , quelque fausse qu'elle soit, n'en est pas moins déplorable , parce que, dit Montaigne, « les hommes « sont tourmentez par l'opinion qu'ils ont des « choses, non par les choses mesmes ». La combattre, et prouver que les bons citoyens, les amis de la liberté sont en majorité parmi ces populations qu'on nous représente comme très-royalistes, me semble être le devoir d'un ami de son pays : peut-être même qu'en remplissant ce devoir je rendrai un bon office aux habitans des départemens méridionaux, qui s'indignent chaque jour de se voir l'objet d'une odieuse distinction.

C'est dans ce but que j'ai écrit la lettre ci-après, qui m'a été suggérée par un article du *National*. En nommant ce journal je crois être dispensé de dire combien ses intentions sont pures, et combien il est éloigné de chercher à calomnier les habitans des deux contrées dont il est question dans l'article du 9 février.

Voici cette lettre, telle que je l'ai tracée à la hâte : je la livre à l'impression sur le désir que m'en ont témoigné plusieurs membres des députations du midi.

A MONSIEUR LE RÉDACTEUR DU *NATIONAL*.

Paris, ce 12 février 1831.

MONSIEUR,

Permettez-moi de vous adresser quelques observations sur l'article, d'ailleurs très remarquable et très juste dans sa conclusion, que vous avez publié dans le *National* du 9 de ce mois, sur *les ennemis du dedans et du dehors;* car s'il est utile de savoir où campent nos ennemis, il ne l'est pas moins de ne pas ignorer où nous pouvons trouver des amis et des ressources.

Dans cet article, vous mettez au rang des ennemis intérieurs de notre glorieuse révolution, les *populations* de la Vendée et du Midi.

Je ne connais pas assez la Vendée pour entreprendre sa défense; d'autres s'en chargeront sans doute. Quant à cette autre partie de la France dont on a une si fausse idée à Paris, à ce *midi* dont on cherche a faire aujourd'hui un épouvantail contre le développement des institutions que la France attend, je l'ai habité et traversé dans tous les sens en 1812, 1814, 1815 et 1816; avant et après l'ordonnance du 5 septembre, et sous le ministère Villèle : j'ai pu l'observer encore depuis les grands événemens de juillet, ainsi qu'après la retraite de Lafayette et de Dupont de l'Eure ; j'en ai sans cesse recherché, interrogé, étudié l'opinion, noté les variations qu'elle y a éprouvées : c'est ainsi que je suis parvenu à dresser la statistique politique de la France méridionale, non sur quelques démonstrations partielles, isolées, tenant à de certaines localités, à de certaines influences, mais sur des faits généraux, positifs, constatés; et c'est avec ces faits que je vais combattre l'erreur dans laquelle on est généralement sur les dispositions des habitans de ces belles contrées à l'égard de la révolution de 1830.

Cette zone de la France qu'on appelle le *Midi*, et dans laquelle on croit que l'on respire un air de servilisme, d'absolutisme, de royalisme enfin, s'étend depuis les rives du Var, à l'est, jusqu'à celles de la Gironde, à l'ouest; elle longe le littoral de la Méditerranée depuis Antibes jusqu'à Portvendre, le versant nord des Pyrénées, et cette partie de l'océan que les marins désignent sous le nom de golfe de Gascogne : sa largeur, sud et nord, n'est guère que celle de deux ou trois départemens au plus : ce serait une grande erreur que de l'étendre au-delà des limites de la Haute-Provence, de Vaucluse, des Cévennes, du Haut-Languedoc, de l'Albigeois, de l'Agénois et de la Guyenne.

Toutefois, cette ligne n'en serait pas moins redoutable à la cause de la liberté, si tous les habitans qu'elle renferme professaient les opinions qu'on leur prête, car il ne s'agirait pas moins que de *dix-huit* départemens, sinon tous des plus populeux, du moins habités par des populations actives et énergiques (1).

(1) Ces 18 départemens sont : Les Basses-Alpes, le Var, les Bouches-du-Rhône, Vaucluse, le Gard, l'Hérault, l'Aude, les Pyrénées-Orientales, l'Ariège, la Haute-Ga-

Mais, sur ces dix-huit départemens, il en est d'abord six ou sept, ceux placés sous notre versant des Pyrénées ou avoisinant ces montagnes, qui seraient très fâchés qu'on les comprît dans la série des départemens appelés royalistes. En effet, les habitans du Roussillon, de la Cerdagne, du pays de Foix, du Couserans, du Bigorre, du pays Basque, du Béarn, de la Navarre, des Quatre-Vallées, des Landes, etc., ont toujours prouvé qu'ils aimaient la liberté. On se tromperait si on jugeait de l'opinion de ces populations par celles des députés que leurs électeurs à *cent écus* envoyaient à la chambre, parce que ces départemens, généralement pauvres et sans industrie, n'ont guère d'autres électeurs que les petits nobles qui y pullulent.

Mais parlons du midi en général, et voyons ce qu'il fut à diverses époques, et ce qu'il est aujourd'hui.

Durant les deux dernières années de l'Empire, cette partie de la France paya sa dette à la patrie en danger : cohortes actives, cavaliers montés et équipés, gardes d'honneur, bataillons de chasseurs des montagnes, bataillons de gardes natio-

ronne, les Hautes-Pyrénées, les Basses-Pyrénées, les Landes, le Tarn, Tarn-et-Garonnne, le Gers et Lot-et-Garonne.

nales actives, levées anticipées de conscrits, tout marcha encore ; mais ce fut là le dernier effort de ces populations épuisées. Le patriotisme s'était éteint.

Bientôt Napoléon recueillit les premiers fruits de la faute immense commise par lui et par ses préfets, en confiant toutes les administrations, jusqu'à celles des plus petites communes, à l'ancienne aristocratie. Presque tous ces nobles magistrats ou employés l'abandonnèrent dès l'instant où Wellington et le prince qu'il traînait à sa suite eurent mis le pied sur le sol français. Les traîtres eurent beau jeu : les ennemis furent accueillis, par cette aristocratie, comme ses alliés naturels ; tandis que ce petit nombre de braves avec lesquels le maréchal Soult faisait des prodiges , étaient regardés et traités en ennemis.

Tout le midi parut donc royaliste pendant les six premiers mois de 1814, parce qu'il y avait épuisement, lassitude, désaffection même chez les bons citoyens.

Ils ne tardèrent pas à revenir de cette tiédeur : l'esprit public s'améliora. Les gentilshommes qui étaient accourus au-devant des Anglo-Espagnols et qui avaient pris la cocarde noire, les dames qui avaient fêté les officiers Anglais, tous ceux qui n'avaient trouvé de sympathie que pour les blessés Anglais ou Portugais, furent bientôt montrés au doigt. C'est alors que se forma le parti anti-national, le parti absolutiste, celui des hommes de 1815. En même temps, le patriotisme se réveilla dans ces contrées sous le manteau du bonapartisme.

Le débarquement de Napoléon détermina une grande crise dans les départemens méridionaux ; mais onze mois du gouvernement des Bourbons avaient suffi pour opérer déjà un grand changement dans les opinions de ces populations. Ce fut néanmoins dans ce midi, sur lequel les royalistes avaient formé de grands projets, que s'établit le gouvernement royaliste. La ville de Toulouse en devint le centre ; M. de Vitrolles s'y installa, et un nouveau *Moniteur universel*, publié dans cette capitale provisoire, régla l'administration du midi, pendant que le duc d'Angoulême se portait sur les bords du Rhône pour y réunir les royalistes de Marseille, d'Avignon, de Beaucaire, de Nismes, de Montpellier, en attendant ceux des autres villes et départemens du midi.

Mais, au grand désappointement du gouvernement des royalistes, le Var, les Basses-Alpes, les départemens qui longent les Pyrénées, l'Aude, le Gers, les Landes ne se montrèrent pas très empressés de s'armer contre l'*usurpateur*. Les bataillons qui suivirent le héros du midi jusqu'à la Drôme, sortirent principalement de Marseille, d'Avignon, de Beaucaire, de Nismes et de Montpellier (1) ; le reste du midi, y compris Toulouse, ne fournit que très peu de volontaires. Toutefois, l'aristocratie de ces contrées s'agita beaucoup : à en juger par ses menaces contre Bonaparte et les bonapartistes, on aurait cru qu'elle allait faire lever en masse *ses paysans* et marcher à leur tête contre les *soldats rebelles ;* mais les *paysans* ne bougèrent pas, et le nombre des volontaires qui se présentèrent pour aller joindre l'armée du duc d'Angoulême fut si exigu que les nobles chefs en parurent honteux.

Pour donner une juste idée du peu de ressources que le parti royaliste trouva, à cette époque, dans les deux tiers des départemens du midi, je détaillerai celles que fournirent le département de l'Ariège et celui de la Haute-Garonne : je prends ces deux départemens pour indicateurs, parce que ce dernier formait le centre des opérations des royalistes, et qu'il était le siége du gouvernement du midi.

L'Ariège, qui tient à la Haute-Garonne, et qui se trouvait sous l'influence de ce gouverne-

______

(1) Les bataillons de Marseillais, de Nismois, etc., qui formaient l'armée royale, se composaient généralement de portefaix et d'hommes de la lie du peuple, commandés par des gentilshommes et quelques employés.

ment, devait nécessairement chercher à se distinguer : cependant, lorsque le général Lafitte se rendit sur le terrain pour y passer en revue les volontaires royalistes Ariégeois, il n'en trouva que vingt-deux, et encore dans ce nombre comptait-on trois domestiques qui furent portés sur la feuille de route ; on avait pourtant fait un appel à tous les anciens militaires, à tous les *jeunes gens de famille ;* mais on ne put obtenir que ce résultat.

Il en fut à peu près de même dans chacun des huit à neuf départemens que je viens de citer, et celui de la Haute-Garonne, le plus populeux de tous, le plus stimulé, n'offrit qu'une trentaine de volontaires à cheval, et cinquante-deux à pied. Je ne compte pas quelques compagnies qu'on leva à force d'argent, et dont les cadres seuls arrivèrent jusque dans le département du Gard, les soldats ayant presque tous déserté en route. Ces hommes n'appartiennent à aucun parti ; ils sont toujours à celui qui les rassemble et les paye.

La campagne que firent les royalistes est assez connue : on sait comment les seules gardes nationales de Lyon et de l'Isère les dispersèrent. En peu de jours, le gouvernement établi au nom du roi, dans le midi, et l'armée des royalistes disparurent. On sait encore qu'il suffit de la présence du général Clausel, escorté par quelques gendarmes, pour que Bordeaux, la ville du *douze mars,* se soumît; enfin on se rappelle qu'une simple dépêche télégraphique, envoyée de Paris à Masséna, fit flotter le drapeau national de Marseille jusqu'à Antibes.

Alors l'opinion des contrées méridionales put se manifester librement. En peu de jours, de nombreuses fédérations patriotiques se formè-rent partout, et on eût dit qu'il n'y avait plus de royalistes dans le midi.

Je dois faire remarquer ici ce que j'ai observé moi-même dans toutes les circonstances impor-tantes, et qui vient de m'être confirmé par beau-coup de citoyens faisant partie des députations patriotiques du midi; c'est que, dans toutes ces contrées les opinions y sont extrêmes : on y est ou monarchiste absolu, royaliste encroûté, ou patriote ardent (1); on n'y trouve que très peu

(1) Dans cette première classe, se trouvent presque tous les anciens aristocrates, une partie de la noblesse impériale, et les nouveaux anoblis, le clergé, les cadres des hommes de 1815 et une partie du bas peuple.

Dans la seconde, on compte les républicains, les bona-partistes, les constitutionnels : elle se compose des hommes éclairés, de tous les commerçans et industriels, des anciens militaires et des habitans des campagnes. Ce sont les hom-mes de la révolution de 1830.

d'hommes du *juste milieu*. Les méridionaux ont pour maxime qu'il faut se prononcer franchement, et ne témoignent pas une grande considération pour ceux qu'ils appellent du nom que les Italiens donnent à certains élèves du conservatoire de Naples.

L'époque dite des *cent-jours*, dans laquelle se firent de grandes épreuves, permit de juger combien les opinions politiques des départemens du midi étaient changées depuis un an.

La première de ces preuves fut celle de la nomination des maires. Le scrutin libre, très libre, donna partout une grande majorité aux maires patriotes. La proportion des votes fut de *neuf douzièmes* dans sept départemens ; de *huit douzièmes* dans cinq autres, et de *sept douzièmes* dans ceux où les royalistes semblaient être en très forte majorité.

Une autre grande épreuve fut celle de l'appel fait aux anciens militaires, aux jeunes gens faisant partie de la garde nationale active, et aux militaires en retraite ou en réforme.

En moins de deux mois, le département de la Haute-Garonne, qui, précédemment n'avait pu fournir que quelques faibles compagnies à l'armée royale, mit sur pied quatre bataillons armés, habillés et équipés. Quatre cent quarante-sept militaires retraités ou réformés se présentèrent pour aller tenir garnison dans les places ; il y en avait de boiteux, de manchots et plusieurs avec des jambes de bois. Tous voulurent se rendre utiles ; et certes ces soldats en valaient bien d'autres, pour la défense des places.

Dans l'Ariège, qui n'avait fourni au duc d'Angoulême que *vingt-deux* volontaires royaux, le général Lafitte envoya à la frontière deux bataillons de gardes nationales, un bataillon de chasseurs des Pyrénées, composé d'hommes qui avaient servi, et trois compagnies de retraités ou réformés ; sans compter plus de six cents soldats qui allèrent rejoindre leurs drapeaux.

Qu'on compare ces deux résultats, qu'on en fasse l'application aux autres départemens du midi, et l'on se convaincra que, dès les *cent-jours*, l'opinion méridionale s'était bien améliorée.

Toutefois il y eut un grand refroidissement spontané lors de la publication de *l'acte additionnel aux constitutions de l'empire* ; ce n'était pas là cette constitution libérale que l'on attendait. Beaucoup de méridionaux, qui s'étaient réjouis du retour de Napoléon, en lisant ses premiers actes, se fâchèrent contre son acte additionnel et contre lui-même ; mais les forces que le parti Bonapartiste perdit à dater de ce jour, furent acquises par le parti patriote, qui fut toujours le parti national, celui de la liberté. Napoléon put s'en apercevoir par l'opinion de cette Chambre des représentans à laquelle les départemens méridionaux envoyèrent tant d'hommes doués d'énergie et de talent. Jamais la France ne fut aussi bien représentée que par cette grande assemblée, dont il nous est resté *une déclaration des droits et des principes*, que les hommes du 7 août auraient dû consulter, car elle contient en détail le *programme de l'Hôtel-de-Ville.*

La conduite des libéraux du midi dans les *cent-jours* fut digne d'éloges, sous le rapport de l'usage qu'ils firent du pouvoir. Ces fédérés, qu'on poursuivit ensuite comme des bêtes féroces, bornèrent leurs actes à quelques réunions qui finissaient par des chansons ; aucun royaliste ne fut maltraité, excepté quelques volontaires royaux que les paysans des Cévennes démontèrent et désarmèrent à leur retour ; ce fut là la seule vengeance que ces montagnards tirèrent des fanfaronnades et des menaces proférées par les volontaires à leur entrée dans ce pays.

Le gouvernement avait créé dans chaque département une commission de haute police, à laquelle il avait donné le pouvoir immense d'envoyer en surveillance, dans quelques villes du centre, les royalistes dangereux. Ces commissions, composées généralement d'hommes qui ne se jouaient pas de la liberté des citoyens, montrèrent une modération qui fut peut-être portée trop loin. On prit peu ou point de précautions contre les royalistes qui revenaient de l'armée du duc d'Angoulême; on laissa s'établir entre ce prince, lorsqu'il fut fixé à Puycerda (ville de la frontière espagnole), et les chefs royalistes du midi, une correspondance très active ; émigra qui voulut ; personne ne fut arrêté arbitrairement, excepté *deux* seuls jeunes gens parmi les royalistes de l'Ariège, et *sept* parmi ceux de la Haute-Garonne.

Cette conduite des patriotes du midi, modérée jusqu'à l'imprudence, leur rallia beaucoup de gens qui avaient d'abord tremblé de tous leurs membres à la seule idée d'un club.

Quelle différence entre cette modération et les excès de tous genres, les crimes horribles avec lesquels les royalistes du midi célébrèrent les funérailles de Waterloo!... Détournons nos regards de Marseille, d'Avignon, de Beaucaire, de Nismes, de Toulouse, comme les détournaient tous les bons citoyens lorsque ces malheureuses villes étaient sous la terreur mise à l'ordre du jour par les assassins des mameluks, de Brune, de Lagarde, de Ramel et de tant d'autres victimes de ces cannibales !.... Alors, sans doute, tout le midi parut de nouveau habité exclusivement par des royalistes. Ils triomphaient, ils avaient pour eux le gouvernement royal, le gouvernement occulte, les prêtres fanatiques, les troupes alliées, les miquelets, les bandes de Marseille et de Nismes, les *verdets* de Toulouse, les *brassarts* de Bordeaux; ils occupaient toutes les places, ils s'étaient emparés de tout; mais c'était encore la minorité, une minorité numérique très inférieure qui maîtrisait ainsi la majorité; car, même dans cette affreuse période, la majorité ne cessa d'être saine, et ne prit aucune part à des excès qu'elle déplorait.

Je prendrai encore mes preuves dans les deux départemens de la Haute-Garonne et de l'Ariège.

C'est par l'Ariège, que le duc d'Angoulême, long-temps repoussé de la frontière, fit sa rentrée en France. Ce passage fut sans doute un fléau pour ce département, car il mit en mouvement tout ce que ce pays possédait de royalistes, et il démasqua quelques traîtres; mais il prouva, en même temps, que la masse de la population était libérale.

Examinons cette rentrée en France du héros du midi. Quels sont les hommes qui composent son escorte? — Quelques misérables compagnies de malfaiteurs et de contrebandiers qu'on avait ramassés sur les frontières, et qu'on faisait marcher à force d'argent, et avec la promesse de leur livrer Tarascon ou Foix au pillage. — Quels sont les bataillons, les compagnies d'anciens soldats ou de gardes nationaux qui allèrent à sa rencontre? Pas un seul homme, excepté deux ou trois officiers. — Par qui fut-il entouré depuis Ax jusqu'à Toulouse? — Par quelques petits nobles, quelques curés. Les populations regardent passer ce prince français, à la tête de miquelets au long bonnet rouge et aux jambes nues, dans un morne silence : elles semblent prévoir que ce passage va être le signal de grands malheurs.

En effet, les tours de Foix, qui n'avaient reçu que deux royalistes pendant les cent-jours, sont bientôt trop petites pour contenir les prisonniers que l'on y entasse : maires, magistrats, militaires, employés, simples fédérés; les miquelets et leur digne commandant (1) ne cessent de faire des arrestations arbitraires que lorsque le ministre de la police, Fouché, se voit forcé de désapprouver officiellement la conduite de cette bande sans frein. Les habitans de Toulouse, craignant de voir arriver dans leur ville les cinq ou six cents *jacobins blancs* avec lesquels le duc d'Angoulême avait fait son entrée en France, s'empressèrent d'envoyer à sa rencontre les trois bataillons de leur garde nationale habillée, et ob-

_____

(1) Il était devenu colonel et vicomte : j'ignore s'il est encore à la tête d'un de nos régimens.

tinrent par là que les miquelets, appelés *volontaires royaux*, resteraient dans l'Ariège. Ceux-ci ne trouvant pas le métier de soldat assez lucratif, quoiqu'on leur donnât *trente sous* par jour, ne tardèrent pas à déserter et à aller reprendre leur métier sur la frontière. Au bout de quinze jours, il ne restait plus que les cadres de ce premier bataillon de l'armée royale.

Les royalistes voulaient cependant créer une armée dévouée; mais ce ne fut qu'à force d'argent qu'ils parvinrent à organiser ce prétendu régiment de *Marie-Thérèse*, beaucoup plus connu sous le nom de *verdets*, et composé de huit à neuf cents congréganistes, ayant pour sous-officiers de très jeunes gens, et pour officiers les royalistes les plus exaltés et les plus dangereux. Ces verdets ne firent d'autre métier que celui de sbires : ils allaient, par bandes, opérer des arrestations à domicile, dans la ville et dans les campagnes, la nuit comme le jour.

Sous le joug du gouvernement occulte et des hommes qui, après avoir porté la cocarde noire se paraient des couleurs verte et amaranthe, la masse de la population toulousaine n'en était pas moins regardée comme libérale; le commerce, l'industrie, tout ce qui composait la garde nationale, était, même en 1815 et 1816, favorable à la cause de la liberté. Le nom de *verdet* ne tarda pas à devenir une injure ; aussi, lorsque la politique des chefs royalistes leur suggéra l'idée d'incorporer le bataillon des *verdets* dans la garde nationale de Toulouse, ce ne fut qu'avec la plus grande répugnance que les trois bataillons de soldats-citoyens permirent aux *verdets* de marcher à leur suite : il y eut même des voies de fait causées par l'incorporation de ce quatrième bataillon.

Telle était l'opinion du centre du royalisme avant l'ordonnance du 5 septembre, et certes on peut affirmer que cette opinion se montrait bien plus libérale dans beaucoup d'autres départemens.

J'en fournirai la preuve en rappelant les grandes précautions que les autorités civiles et militaires des principales villes du midi se crurent obligées de prendre à la nouvelle de la conspiration de Didier, à Grenoble. Quelque éloigné que fût le théâtre de cette échauffourée, le contre-coup s'en fit tellement sentir dans le midi, qu'on y craignit un soulèvement.

En mettant des bornes au règne des hommes horriblement célèbres de 1815, l'ordonnance du 5 septembre, reçue aux acclamations de la grande majorité des méridionaux, donna un autre aspect à ces contrées : les bons citoyens sortirent des prisons ; on put dès-lors se compter ; et le voyageur, qui croyait ne trouver que des royalistes depuis le Var jusqu'à la Gironde, fut bien surpris de voir que, même dans les villes de Marseille, d'Avignon, de Nismes, de Montpellier et de Toulouse, réputées si fanatiques, les constitutionnels ou libéraux étaient en majorité numérique.

C'est de Beaucaire, pendant la durée de ses foires, que pouvaient se faire aisément ces remarques satisfaisantes pour la cause de la liberté.

On était là au milieu de ces populations regardées comme si redoutables, parce qu'elles avaient vomi quelques bandes d'audacieux assassins; et pourtant, quand on en venait à des calculs positifs, on trouvait toujours que l'opinion libérale était en majorité numérique, et que, si quelques communes, telles qu'Orgon, Beaucaire et un petit nombre d'autres, renfermaient plus de royalistes que de libéraux, le canton voisin ou la ville d'à-côté offrait aussitôt une salutaire compensation.

— « C'est une grande erreur, me disait en 1817 « un négociant-armateur de la ville d'Arles, de « croire que nos contrées ne sont habitées que « par des royalistes : le parti libéral y est en ma- « jorité partout; mais cette opinion est compri- « mée, parce que les royalistes du midi font beau- « coup de bruit et sont plus hardis que partout « ailleurs. Par exemple, notre ville passe pour « très royaliste; mais la vérité est qu'il y a encore

« plus de libéraux : ceux-ci comptent dans leurs
« rangs, outre le commerce et la population in-
« dustrielle, toute notre marine marchande, qui,
« à elle seule, forme un corps de quatorze à quinze
« cents hommes aguerris et capables de faire la loi
« à toute la ville, parce qu'ils peuvent se réunir
« aisément. Jugez des autres populations du midi
« par celle d'Arles, que l'on cite comme éminem-
« ment royaliste. »

Tel est le langage qu'on me tenait dans presque toutes les villes du midi, depuis Antibes
jusqu'à Blaye. Le département du Gard et son
chef-lieu, Nismes, si tristement célèbres par les
excès de leurs bandes royalistes, entraient aussi,
lorsqu'on se donnait la peine de supputer les élé-
mens qui composent ces populations, dans la ca-
thégorie des contrées dont la majorité est libérale : l'opinion de l'arrondissement d'Alais, des
vallées de la Gardonnengue, de la Vaunage, et autres cantons, dont les populations patriotes ont
toujours formé un utile contre-poids aux bandes
réunies à Nismes, n'est pas douteuse. Dans cette
ville même la majorité y est encore libérale :
d'abord elle renferme près de 18,000 protestans
sur une population d'environ 40,000 âmes : ces
protestans, si cruellement maltraités, sont, sans
contredit, du parti national ; l'on ne compte que
très peu d'exceptions, tandis que, sur les autres

22 mille habitans, on calcule qu'il y a encore plus de 8 mille bons citoyens. Ainsi, à Nismes, comme dans les autres villes du midi, dans le département du Gard, comme dans les dix-huit départemens compris dans la zone dite *royaliste* de la France, il est de fait que la majorité des habitans était, dès l'époque de l'ordonnance du 5 septembre, dévouée à la cause des libertés publiques.

Depuis lors l'opinion nationale n'a point cessé d'y faire d'heureux progrès. Bien des patriotes qui, par lassitude, ou dans l'espoir de voir renaître des institutions constitutionnelles, s'étaient montrés favorables aux Bourbons, au moment de leur restauration, ont été amenés à des opinions libérales à force de déceptions, non moins que par la conduite atroce des royalistes. Le vif intérêt qu'excita dans tout le département de l'Hérault l'affaire du patriote Brutus Cazelle, offrit la preuve des changemens survenus, dès 1818, à Montpellier et dans ses environs.

L'opinion des départemens méridionaux, à l'époque des révolutions d'Espagne et d'Italie, était déjà telle qu'on pouvait croire qu'ils eussent fait cause commune avec les constitutionnels des deux péninsules, sans la présence des troupes nombreuses appelées à former le *cordon* dit *sanitaire*. On peut juger de cette opi-

nion en comparant l'accueil qui fut fait au deux
espèces de réfugiés qui se présentèrent successi-
vement dans les départemens français limitro-
phes. Malgré la tendre sympathie des autorités
locales, les soldats de la foi, le Trapiste lui-même
y furent méprisés, bafoués et maltraités : les
constitutionnels y reçurent au contraire un accueil fraternel, l'hospitalité la plus franche et les
soins les plus empressés. Ni les maires, ni les
procureurs du roi, ni les sous-préfets ne purent
empêcher cette manifestation des sentimens politiques des habitans de la chaîne des Pyrénées ;
et pourtant, sous le règne honteux des Bourbons,
tous leurs agens semblaient n'être institués que
pour prévenir ou réprimer tout mouvement gé-
néreux, toute démonstration louable, qu'ils re-
gardaient comme autant de conspirations contre
le gouvernement de leurs maîtres.

Ce que je viens de dire des réfugiés espagnols
peut s'appliquer à nos propres soldats, à ces
jeunes et vaillans français qu'une politique liber-
ticide, digne de la sainte-alliance, poussa contre
une nation héroïque, coupable d'avoir voulu se-
couer les chaînes du despotisme le plus avilissant.
Durant le séjour du *cordon sanitaire* à la frontière, nos jeunes soldats durent, par ordre, s'ab-
stenir de fréquenter les habitans des communes
où ils étaient cantonnés, parce qu'on craignait
qu'ils n'en reçussent de *mauvais conseils*.

Combien ces soldats ne durent-ils pas regreter d'avoir coopéré aussi efficacement à la contre-révolution d'Espagne, quand ils se trouvèrent à même d'apprécier les royalistes de ce pays! Aussi revinrent-ils de leur campagne contre la liberté beaucoup moins royalistes, je dirai même plus libéraux qu'ils ne l'étaient au *cordon sanitaire.*

Il est encore un fait incontestable qui prouve les progrès de l'opinion libérale dans les départemens du midi, depuis 1823 jusqu'en 1830; c'est l'augmentation successive du nombre des votes que les candidats de cette opinion obtinrent dans les colléges électoraux, où ils n'avaient eu d'abord que très peu de voix. Cette augmentation, effrayante pour les préfets et les ministres, provenait autant des conversions à la cause sacrée, que de l'arrivée de la conscription électorale dans les colléges. La marche annuelle des générations sur lesquelles devait se fonder l'espoir de notre cause, était aussi sensible dans les départemens méridionaux que dans ceux qui entourent la capitale; et l'on pouvait, avec une précision mathématique, indiquer l'époque où les colléges électoraux à cent écus n'enverraient plus à la chambre élective que des députés patriotes.

Telle était la situation de l'opinion méridionale au commencement de 1830, et telle elle s'est montrée pendant la grande révolution. Nulle part, dans aucun département, dans aucune ville de ces contrées, le mouvement de juillet n'a rencontré d'obstacles de la part des populations. Partout la nouvelle de cette révolution fut reçue avec les plus grandes démonstrations de joie ; partout le drapeau tricolore fut salué comme le signe d'une heureuse régénération, et les emblêmes de la royauté arrachées ou effacées, au milieu des acclamations d'une population qui semblait ne jamais avoir été divisée par les passions politiques. Cependant l'autorité, les places, tout ce qui peut donner de la force à un parti, se trouvait entre les mains des hommes les plus dévoués à la dynastie que Paris venait de chasser.

Et qu'on ne vienne pas nous dire que les autorités et les royalistes du midi furent frappés comme d'un coup de foudre par la nouvelle des événemens de la capitale ! Ils savaient tous depuis long-temps que leur gouvernement allait tenter un coup d'état ; ils étaient prévenus du jour : malgré leur aveuglement sur la situation des choses, ils ne devaient pas être sans quelques craintes d'une explosion de mécontentement, et ils avaient dû prendre des mesures pour étouffer toute manifestation hostile. Mais quand le moment d'agir arriva, ces autorités, ces aristocrates, ces congréganistes du midi s'aperçurent qu'ils ne pouvaient s'appuyer sur personne, pas même sur les gendarmes. Ils eurent, cependant, trois jours devant eux, pendant lesquels on ignorait ce qui se passait à Paris : quand ils l'apprirent, eux les premiers, ce fut par un simple avis de M. Chardel, nouveau directeur - général des postes, avis qu'ils pouvaient mépriser et utiliser. Ces royalistes, ces congréganistes, dont on disait que le midi était couvert, se montrèrent paralysés, annihilés. Il suffit partout de quelques jeunes gens, de quelques patriotes très inoffensifs, pour chasser de leurs hôtels ces préfets et ces fonctionnires si dévoués à leurs maîtres ; il suffit partout d'un coup de baguette pour faire disparaître tout ce qui était, et pour faire surgir une nouvelle administration patriote, appuyée sur une garde nationale patriote, sur des populations patriotes. L'élan national en faveur de la liberté fut aussi grand, aussi beau, aussi général dans les départemens du midi que dans celui de la Seine. Charles X et son cortége eurent beau chercher à gagner du temps afin d'en donner à leurs serviteurs du midi, ces serviteurs les laissèrent embarquer sans oser seulement agiter leurs mouchoirs ; *ils ne se mirent pas même à la fenêtre pour voir passer la royauté.*

Ah ! sans doute, depuis quelques mois, l'enthousiasme s'est aussi refroidi dans les contrées méridionales de la France ; là aussi, les meilleurs citoyens ont déploré le ministère Guizot, et se plaignent de leurs successeurs ; là aussi, ils ont été affligés, découragés par la retraite de Lafayette et Dupont de l'Eure ; et depuis ces circonstances fatales, les royalistes montrent dans ce pays une audace qu'ils n'eurent point quand Charles X traversait la France par étapes. La cause de la liberté est sans doute compromise, dans le midi comme ailleurs, par cette Chambre élective, et par tous ces hommes du *juste milieu* qui s'obstinent à refuser à la France les institutions populaires que les citoyens ont le droit de réclamer, parce qu'ils les ont payées par avance. Dans le midi aussi on voudrait avoir des magistrats, des fonctionnaires, des employés autres que ceux qui servaient Charles X, autres que ceux envoyés par les ministres de la *quasi-légitimité.* On s'y étonne de ce que la France de 1830 soit encore entre les mains des hommes de 1815 ; on s'y indigne en pensant que les services rendus à la cause des libertés nationales, à la patrie, que le patriotisme le plus pur, le dévoûment au roi-citoyen, ne soient pas des titres de préférence à la confiance du gouvernement actuel. Dans ce midi, où tant d'existences si légitimement, si justement acquises, ont été si brutalement, si impitoyablement sacrifiées en 1815, et dans toutes les *épurations* subséquentes, on ne conçoit pas tous ces imprudens ménagemens pour d'autres existences bien moins intéressantes et beaucoup moins respectables. Dans ce midi aussi on sera peut-être forcé d'avertir les aristocrates de toutes les espèces que le peuple n'a pas donné sa démission.

Mais quel que soit l'état actuel de l'opinion des citoyens du midi, ils ne bouderont pas la patrie quand elle demandera l'appui de leurs bras et de leur énergie; ils se réconcilieront avec des ministres dont ils ne désespèrent pas encore, quand par une une marche plus franche, plus libérale, le gouvernement aura satisfait aux engagemens pris à l'Hôtel-de-Ville, et lorsqu'une politique plus généreuse aura enfin conseillé à sa diplomatie de placer la France à la tête de l'affranchissement du genre humain, comme le seul moyen de sauver sa liberté et son indépendance, auxquelles sont attachées la liberté et l'indépendance de tous les peuples; alors, dis-je, les habitans du midi, ces hommes énergiques et dévoués, qu'on calomnie en leur prêtant des sentimens qui sont seulement ceux de quelques hommes incorrigibles, réclameront, j'en suis certain, la part qu'ils ont toujours prise dans les grandes et nobles entreprises nationales, et on ne tardera pas à citer le midi au nombre des contrées dont les habitans ont conservé le feu sacré.

Paris, ce 12 février 1831.

Léonard Gallois.

P. S. La date de cet écrit indique qu'il était terminé avant les événemens survenus dans diverses villes du midi, à la suite de la ridicule tentative faite à l'église de St.-Germain-l'Auxerrois, par les royalistes de la capitale. Ce qui s'est passé à Arles, à Beziers, à Nismes, à Perpignan, à Toulouse, etc., etc., le complot avorté d'Avignon, tous ces mouvemens, ou royalistes, ou patriotiques, toutes les énergiques réclamations des gardes nationales du midi, des habitans de Toulouse, arrivent à l'appui des *observations* qui précèdent, et sont autant de nouveaux faits corroboratifs de ceux que j'ai exposés, et qui prouvent qu'après avoir souffert avec mépris les provocations et les insultes des hommes de 1815, les patriotes du midi se verront forcés d'en venir à de fâcheuses extrémités, si le gouvernement, par une marche plus propre à ôter tout pouvoir et tout espoir à ses ennemis, ne s'empresse de réprimer lui-même l'audace de la faction anti-nationale du midi.

Toutefois, mon opinion est que les événemens du 14 février, ainsi que ceux qu'ils ont provoqués dans les départemens méridionaux, serviront efficacement la cause de la révolution de 1830. Il ne faut pour cela que la dissolution de cette chambre élective, cause de tant de perturbation, et de toutes les déceptions qui irritent les bons citoyens. La chambre dissoute, et renouvelée, n'importe sur quelle base électorale, la France ne tardera pas à se placer dans la position éminente où elle devait se trouver dès le lendemain de sa révolution. On verra alors quelles grandes ressources un gouvernement national trouvera dans ce midi, où l'énergie et le dévouement des patriotes ne le cèdent qu'au fanatisme et à la cupidité de leurs ennemis.

Ce 1er mars 1831.

www.ingramcontent.com/pod-product-compliance
Lightning Source LLC
Chambersburg PA
CBHW061446050726
47593CB00004B/1487